Alexis Mouzin

LE CHIEN
D'ALCIBIADE

OPÉRETTE

Musique de M. Louis Bonnet

1873

LE CHIEN D'ALCIBIADE

OPÉRETTE

Musique de **L. Bonnet**, paroles de **A. Mouzin.**

PERSONNAGES

ALCIBIADE.
HIPPARÈTE, sa femme.

Un appartement chez Alcibiade, à Athènes.

Alcibiade entre précipitamment, portant sa femme entre ses bras ; il la dépose sur un siége. Immédiatement, elle se relève et court pour sortir. Il lui barre le passage.

DUETTO D'ENTRÉE
Ensemble

ALCIBIADE

Halte-là !.. Par la force,
Je te retiens chez moi.
Reste au nom de la loi !
Tu voudrais le divorce ?
Peux-tu vivre sans moi ?
Reste au nom de la loi !

HIPPARÈTE

Qu'est-cela ?.. Par la force,
Tu me retiens chez toi ?
Ouvre au nom de la loi !
Je veux qu'un bon divorce
Me délivre de toi :
Ouvre au nom de la loi !

ALCIBIADE

Nous séparer ? pourquoi ?

HIPPARÈTE

                Pourquoi ?
Il n'est dans Athènes personne
   Que cet événement étonne :
On sait que tous les jours vous me faites souffrir,
   Pâlir, blêmir, gémir, maigrir ;
On dit qu'à petit feu vous me ferez mourir !

ALCIBIADE

Tenir de tels propos c'est mentir sans excuse.
   Aussi peu m'importe, ma foi !
Que ta colère en use, en abuse, en mésuse ;
   Et je prétends, malgré tous, malgré toi...

HIPPARÈTE

Mais puisque j'invoque la loi !

ALCIBIADE

La loi ?... Parbleu ! la loi, c'est moi !

Couplets

   Je suis Alcibiade,
   Le beau, l'indépendant,
   L'habile, l'imprudent,
   Le joyeux, le maussade,
   L'humble, l'outrecuidant,
   Le paresseux, l'ardent,
   L'inconcevable Alcibiade !
Je n'aime pas qu'un esprit rétrograde
Sur mon passé m'oblige à discuter ;
Tu m'as boudé pour plus d'une incartade :
Alors pourquoi sembles-tu m'imiter ?

HIPPARÈTE

   Moi, je suis Hipparète,
   L'épouse de ton choix,

Taquine quelquefois,
Toujours prude et discrète.
Tes goûts, je les conçois ;
Mais je tiens à mes droits,
Scrupuleuse Hipparète !
Bien qu'en ce lieu ton caprice m'arrête,
Au premier jour je saurai te quitter ;
J'ai comme toi, bon cœur, mauvaise tête ;
Ne suis-je pas libre de t'imiter ?

Ensemble

ALCIBIADE

Je te défends de vouloir m'imiter !

HIPPARÈTE

Oui, je prétends désormais t'imiter !
Elle s'élance de nouveau vers la porte et de nouveau il l'arrête.

Reprise du premier ensemble

ALCIBIADE	HIPPARÈTE
Halte-là !.. Par la force,	Qu'est-cela ?.. Par la force,
Je te retiens chez moi.	Tu me retiens chez toi ?
Reste au nom de la loi !	Ouvre, au nom de la loi !
Tu voudrais le divorce ?	Je veux qu'un bon divorce
Peux-tu vivre sans moi ?	Me délivre de toi :
Reste au nom de la loi !	Ouvre, au nom de la loi !

—

Dialogue

HIPPARÈTE

Que c'est lâche ! enlever sa femme,
Au moment où devant l'archonte elle réclame

Le droit de divorcer en toute honnêteté !...
Et l'archonte en public a subi votre audace !...
Et la foule vous a fait place,
Craintive, stupéfaite !... Et nul n'a protesté !...

ALCIBIADE

Stupéfaction naturelle !
Tous les maris jusques ici,
Quand on les séparait d'une femme rebelle,
S'en allaient en disant, merci !
— Seul, je proteste et vous garde, ma belle....

HIPPARÈTE

Vous êtes un impertinent !
Vous avez outragé par un nouveau scandale
La convenance et la morale ;
Bel exploit !... Etes-vous satisfait maintenant ?

ALCIBIADE

Je le serai bientôt, j'espère,
Si tu veux discuter sans aigreur avec moi.
— D'abord, ne parle plus de divorce, ma chère ;
Divorcer ? quelle faute !... Hélas ! ce serait toi
Qui la pleurerais, la première !

HIPPARÈTE

Je cesserai du moins de pleurer près de vous
Une faute pire, mon maître :
Celle que j'eus le malheur de commettre
En vous acceptant pour époux !

ALCIBIADE, négligemment

De celle-là, je vous absous !

HIPPARÈTE

Il vaut mieux que je la répare,
Seigneur Alcibiade ; et je veux, et j'entends,
Malgré tous vos efforts, avant qu'il soit longtemps...

ALCIBIADE

Allons ! le dépit vous égare !

HIPPARÈTE, déclamant

Je suis dans la légalité,
Vous en êtes sorti par un rapt effronté !...

ALCIBIADE

Peste ! voilà, madame, un bien docte langage !
Faudra-t-il qu'à plaider contre vous je m'engage ?

HIPPARÈTE, avec aigreur

A quoi bon ? — Ce serait indigne d'un talent
Qui confond nos rhéteurs à la face du monde.
Vous êtes un charmeur très-subtil, très-galant ;
Je ne connais que trop votre habile faconde,
    Ne comptez pas que j'y réponde ;
J'ignore les grands mots, le ton paradoxal
Et dans l'art de phraser je m'escrimerais mal.
Comme vous je n'ai pas tout appris chez Socrate ;
Mais je sais mieux que vous me conduire, et m'en flatte !

ALCIBIADE

Fort bien ! ce dernier trait m'enchante, en vérité !
Continuez.

HIPPARÈTE

J'ai dit. — Je veux ma liberté !

ALCIBIADE.

Comment !... Sans fleurs de rhétorique ?...
Votre éloquence est énergique,
Cependant elle brusque un peu trop ses effets.

HIPPARÈTE, avec violence

Je veux ma liberté !

ALCIBIADE

Tout doux ! mon Hipparète,
Distinguons : s'agit-il de liberté complète ? —
Il prend un ton doctoral.
Inconscients, légers, comme nous sommes faits,
Fatalement dans mainte circonstance,
La liberté nous mène à la licence.
Il convient d'en régler l'usage : c'est ainsi
Que je l'entends. Or donc, — j'en atteste Minerve ! —
De sa voix naturelle.
Tu seras libre,... libre,... — à la seule réserve
De ne plus t'en aller d'ici !

HIPPARÈTE, avec emportement

J'en atteste Minerve et tous les dieux aussi !
Puisque vous défendez qu'à ma guise je sorte,
Puisque contre vos torts en vain je réagis,

Puisque vous m'enterrez vivante en ce logis,
Je veux me conformer à mon rôle de morte :
— Si je vous dis encore un mot, — Pluton m'emporte !
Elle s'assied brusquement et reste immobile les yeux fixés vers la terre.

   ALCIBIADE, s'accoudant sur le siège de sa femme

Fort bien ! dans ma demeure alors, près des Vénus
Qui doivent au sculpteur une vie incomplète,
Je vous admirerai, séduisante Hipparète,
Et ces froides beautés ne vous environt plus
Que le peplum léger qui….
     Il se penche pour embrasser Hipparète.

   HIPPARÈTE, le repoussant

     Laissez !

   ALCIBIADE, reculant d'un pas

        Je m'arrête !…
— Dites-moi cependant….

   HIPPARÈTE

     Plus un mot !

   ALCIBIADE, d'un ton dégagé

        En ce cas,
Comme il me plaît qu'ici vous ne languissiez pas,
Et comme de causer vous paraissez très-lasse,
Nous allons chanter !…
    En disant ces mots, il est allé prendre sa lyre.

   HIPPARÈTE, impatientée

  Oh !… laissez,… laissez, de grâce !

ALCIBIADE, *revenant vers le milieu de la scène et accordant son instrument*

Les strophes que voici sont d'un rhythme, d'un ton,
D'un goût !.. — J'en suis l'auteur, et tout le monde assure
Qu'on n'a rien fait de mieux depuis Anacréon.
A ce divin chanteur sans faire aucune injure,
Je crois que tout le monde a grandement raison.

Strophes

ALCIBIADE, *chantant.* — Hipparète est toujours assise

I

Vos yeux paraissent me sourire ;
    M'apprendrez-vous,
Belle enfant, ce que veulent dire
    Des yeux si doux ?
Il siérait mal d'être de glace
    Dans le printemps :
Joignez mon ardeur à la grâce
    De vos vingt ans !

II

Déjà de moi l'amour s'empare,
    Déjà je veux
La perle ou la rose qui pare
    Vos noirs cheveux.
Si votre emblème est cette rose
    Ayez son sort :
Que je vous cueille, fraîche éclose,
    Sans trop d'effort !

III

Mêmes suavités qu'en elle
    J'aspirerais,
Même éclat velouté, ma belle,
    J'admirerais,
Si de vos lèvres purpurines

Je m'approchais...
— Trouverais-je mêmes épines
Si j'y touchais ?..

Pendant qu'Alcibiade a chanté, Hipparète n'a cessé de manifester une impatience croissante.

ALCIBIADE, à Hipparète assise, qui lui tourne le dos

Evidemment, belle comme vous êtes,
Pour nulle autre que vous ces strophes ne sont faites.
N'est-ce pas délicat, aimable, gracieux ?..

HIPPARÈTE, se redressant

C'est trivial, fade, prétentieux,
Bon tout au plus pour l'impure maîtresse
Chez qui, la lyre en main, dans vos heures d'ivresse,
Vous quêtez sottement de scandaleux succès !
Oui, votre Néméa trop souvent vous inspire ;
Oui, les strophes qu'ici vous osez me redire,
Furent faites pour elle, — et je les connaissais.

Éclatant

N'est-il pas odieux...?

ALCIBIADE

Prenez garde, ma chère !
Vous allez vous mettre en colère.
Socrate dit qu'il est utile en pareil cas
De prévenir les gens, pour qu'il ne fassent pas
Un éclat ridicule, imprudent ou blâmable.
— Je vous préviens !...

HIPPARÈTE, les larmes aux yeux

Merci !.. vous êtes trop aimable !

Laissez-là vos conseils railleurs !..
Vous, si doux, si mielleux près des femmes, ailleurs,
Osez-vous sans rougir me mettre à la torture,
  M'exaspérer en me jetant l'injure,
Me tyranniser.... (elle pleure) Oh !.. se peut-il ?....

ALCIBIADE, s'approchant d'Hipparète qui s'est accoudée sur son siège et détourne la tête

            Calmez-vous !
Il est toujours mauvais d'allumer un courroux
     Qui s'éteint dans une syncope.
Ne vous désolez pas comme une Pénélope
     Soupirant après son époux.
Vous ai-je abandonnée ?... Au contraire, il me semble
Que...

HIPPARÈTE, sans se retourner

Nous n'avons vécu que trop longtemps ensemble !

ALCIBIADE

Un peu de temps encore et vous ne pourrez plus
Vous priver, un seul jour, de la douce habitude
D'opposer à mes goûts trop légers vos vertus
Et de me taquiner avec sollicitude !
Les dieux nous ont donné des penchants différents ;
Notre divorce est-il dès lors inévitable ?
— Pour démontrer que non les exemples sont grands,
Et Socrate fournit le plus irréfutable.
Vous connaissez sa femme : une Furie !.. Eh bien !
     Loin de rompre cette alliance,
ocrate en est heureux.. C'est un si bon moyen

Pour exercer sa patience !
Quand elle l'insulte, il en rit ;
Quand elle le menace, il en rit davantage.
J'ai vu tout récemment, dans ce joyeux ménage,
L'épouse furibonde, ayant perdu l'esprit
A force de crier et de faire scandale,
Jeter à son époux un vase plein d'eau sale.
Sur quoi, le philosophe a dit,
En essuyant sa barbe et domptant sa colère,
« Il fallait de la pluie après un tel tonnerre ! »

HIPPARÈTE, avec vivacité

Admirable vertu ! que ne l'imitez-vous ?...
<small>Elle va pour prendre un vase sur un meuble</small>
Voyons !....

ALCIBIADE, l'arrêtant

Tout doux ! ma tendre Hipparète, tout doux !
Songez que je n'ai pas comme le bon Socrate
Ma réputation de sagesse à garder !
<small>Ce disant, il la reconduit à son siége et la fait rasseoir.</small>

HIPPARÈTE

En revanche, bientôt vous allez posséder
La réputation contraire : je constate
Que celui de nous deux qui tient l'autre enfermé,
C'est le plus fou !

ALCIBIADE

Voilà pourquoi je suis charmé

D'avoir chez moi quelqu'un qui mieux que moi raisonne.
Il s'assied à son tour
  Comme modèle ici je vous retiens ;
Avec les sentiments d'une sage personne
  Je compte ainsi faire accorder les miens !
Il rapproche son siége de celui d'Hipparète

HIPPARÈTE, *s'éloignant*

J'en doute !... — S'agit-il de moi seule, du reste ? —
Votre légéreté partout se manifeste
Et si je m'en étais plainte mal à propos,
Ma voix n'aurait pas eu de si nombreux échos :
Combien d'autres vous ont retiré leur estime !
Combien vous ont frappé d'un blâme légitime !
  Que d'espoirs vous avez trahis !
— A gouverner l'on dit que votre orgueil aspire,
 Mais vous n'auriez sur les Grecs tant d'empire
Que s'il ne restait plus un sage en ce pays.

ALCIBIADE

Plus de sages, en Grèce ? — Oh ! qu'à cela ne tienne !
Ma chère, la sagesse ainsi que la beauté
  Suivent ici la loi d'hérédité,
Et vous le savez mieux que nulle athénienne :
Il se rapproche encore

HIPPARÈTE, *s'éloignant*

Il est donc naturel qu'avec soin je m'abstienne
  D'être complice de vos torts,
Et qu'au dehors l'on dise....

ALCIBIADE

Oublions le dehors !
Apaisons avant tout nos propres infortunes,..
Il se rapproche tout à fait d'elle et lui prend la main

HIPPARÈTE, le repoussant

Non ! il faut avant tout dissiper les rancunes
Qui menacent votre avenir. —
Ensuite à me calmer vous pourrez parvenir.

ALCIBIADE, d'un air satisfait, se renversant sur son siége

Des autres je suis sûr ! — Malgré des aventures
Qui chagrinent un peu les timides natures,
Je suis l'homme à la mode, et le peuple séduit
Pour mieux me pardonner d'après moi se conduit :
Vivant joyeusement, il aime ce que j'aime,
Aux excès de vertu préfère les plaisirs,
A chanter sur la lyre occupe ses loisirs,
Partage mes mépris, les exagère même,
Et, pour ne citer qu'un seul cas,
Voyant qu'à dédaigner la flûte je m'entête,
Chacun dit que jouer de la flûte n'est pas
Une occupation honnête !

HIPPARÈTE, se relevant et se promenant d'un air ennuyé

D'un injuste engoûment l'on se corrigera,
Et le peuple aux joueurs de flûte applaudira
Pour vous déplaire !

ALCIBIADE, toujours assis

Je m'en moque :
Lassé de m'obéir, qu'un jour il me provoque,
Je vaincrai sans difficulté
Sa mesquine importunité.
De mes concitoyens l'esprit est si mobile
Qu'un rien l'égare en l'intriguant ;
Inutile avec eux de se montrer habile !
Un rien suffit,.. un rien bizarre, extravagant !..

HIPPARÈTE, s'arrêtant et le regardant avec ironie

Une extravagance à commettre,
Est-ce l'expédient sur lequel vous comptez ? —
Comme en de tels exploits vous êtes passé maître,
Nul doute que les Grecs ne soient tous enchantés....

Rumeurs et prélude de flûte dans la coulisse

Mais voici le moment. Ecoutez !.... Ecoutez !...

Scène chantée et lamentations

ALCIBIADE, qui s'est redressé vivement, court vers la coulisse

Hein ! qu'est cela ?

HIPPARÈTE

C'est une flûte.

ALCIBIADE

J'avais bien entendu.
Ma popularité subit une rechute :
On me nargue !

HIPPARÈTE

On vous rend l'honneur qui vous est dû !

ALCIBIADE

Maudit siffleur, je cours le faire taire

HIPPARÈTE

N'allez pas vous mettre en colère !
Vous qui du bon Socrate écoutez les avis,
Prouvez qu'ils peuvent être utilement suivis.

ALCIBIADE, violemment

Rassurez-vous ; je me modère !
Ce scandale provient de mes péchés passés ?...
Eh bien ! avant une heure, ils seront effacés.

HIPPARÈTE

Eh ! comment ?

ALCIBIADE

En place publique !

HIPPARÈTE

Mais encore... par quel moyen ?

ALCIBIADE

A quoi sert que je vous l'explique ?
Eureka !.. mais je n'en dis rien.
Il sort précipitamment

HIPPARÈTE, seule

Voudrait-il réparer ses torts ? Est-ce possible ?
A mes douleurs le croirai-je sensible ?
Oserai-je encore entrevoir
Ma dernière lueur d'espoir ?

Lamentations

I

S'il me délaissait moins, j'apaiserais mes larmes,
Je m'abandonnerais à ses transports bénis,
D'un passé malheureux j'oublîrais les alarmes,
Je croirais de l'hymen goûter les premiers charmes,
Comme au jour radieux où nous fûmes unis. —
Ah! que ne m'aime-t-il, hélas! comme je l'aime!
Que n'est-il moins léger en restant aussi beau!
Il jette à tous les vents une part de lui-même ;
Son cœur trop recherché se prodigue à l'extrême,
Chaque fille à son tour m'en dérobe un lambeau!

II

S'il me délaissait moins, si nulle courtisane
Ne souillait les baisers qu'il me fait partager,
Fleurs que folâtrement l'on respire et l'on fane!
S'il n'offrait qu'à moi seule un amour qu'il profane,
Ailleurs que sous son toit je n'irais pas loger. —
Vainqueur jeune et galant, favori de la Muse,
Il sait qu'il est aimable autant qu'il est aimé ;
Il sait que sa beauté près des femmes l'excuse ;
Par malheur, je suis femme et le traître en abuse,
Et contre ma colère il se sent bien armé!

HIPPARÈTE

Pendant ce monologue, elle parcourt la scène à pas lents. Par moments, elle demeure immobile, rêveuse.

Il m'enlève! il me garde avec une insistance!...
—C'est brutal, mais c'est mieux que de l'indifférence!—
— Vais-je encore essayer de le fuir à présent ?...
D'un feu fascinateur, hélas! son regard brille
Et j'hésite,...et je souffre!...—Oh! qu'une jeune fille
Est folle de rêver un mari séduisant!
Elle a seize ans, pauvrette! elle tourne à cet âge

Du livre de la vie une première page,
Et jetant sur le titre un œil irrésolu
Sent ce qu'elle va lire avant de l'avoir lu.
« L'amour », ce mot nouveau trouble sa jeune tête,
Ce mot la fait rougir, mais elle le répète
Jusqu'à ce qu'un époux, afin de l'apaiser,
Lui ferme un soir la bouche avec un long baiser !
Elle le voit galant, beau, noble, incomparable,
Servant l'affection avec la vanité.
Pour un cœur de seize ans, quoi de plus désirable ?
— C'est ainsi que moi-même autrefois j'ai compté.—
Où sont ces rêves d'or de ma belle jeunesse ?
Je croyais à l'amour un éternel flambeau ;
L'hymen n'était pour moi qu'une constante ivresse,
Commencée à l'autel et finie au tombeau.
Combien de fois, depuis ce temps, ma lèvre avide
A cherché vainement celle de mon époux ?
Seule, combien de fois dans sa demeure vide
J'ai senti le dépit serrer mon cœur jaloux !
Eh bien ! ce pauvre cœur, au moindre mot, sans doute,
Va déborder pourtant, car j'en ai condensé
Tout l'amoureux nectar, jour par jour, goutte à goutte ;
Tandis qu'Alcibiade...., où l'a-t-il dépensé ?...

Un silence.

Changeant de ton.
Mais il tarde bien, ce me semble !..
Pourvu qu'il ne soit pas sorti
Pour faire un esclandre !...

Elle va vers la porte.
Je tremble !...

Voyant entrer Alcibiade un glaive à la main.
Hélas ! qu'avais-je pressenti ?...

Récitatif et couplets

ALCIBIADE, entrée tragique

Sort fatal ! c'en est fait ! l'innocente victime
Sur qui mon bras armé du fer s'est abattu,
Je l'aimais tendrement, mais vous l'avez voulu !

HIPPARÈTE

Que dit-il ? justes dieux !.. qui ? moi, vouloir un **crime** ?
Expliquez-vous.., cruel !.. je succombe à l'effroi !..
Ce glaive fume !.. horreur !!

Elle se retient à un siège

ALCIBIADE, la conduisant sur le devant de la scène

Madame, écoutez-moi :

Il remet son glaive au fourreau

Couplets

I

Pour prouver que je me corrige,
J'ai frappé ce coup qui m'afflige
Et fera, j'en suis sûr, beaucoup de mécontents.
Mais tant mieux, tant mieux qu'on me blâme,
Puisque ce dernier tort, madame,
Pourra faire oublier tous mes torts précédents.

HIPPARÈTE

S'ils ne sont pas trop importants !..

ALCIBIADE

C'est ainsi qu'un fin politique
N'hésite devant nul moyen ;
Moi, j'ai pris le plus énergique :
J'ai coupé la queue à mon chien !

II

A cette heure chacun s'étonne.
Les Athéniens dont l'âme est bonne,

Gémissent sur mon chien autant que sur l'un d'eux.
Mais tant mieux, tant mieux qu'on me blâme,
Puisque pendant ce temps, madame,
Nous nous rapatrirons, je l'espère, tous deux !

HIPPARÈTE

Ceci me paraît hasardeux !

ALCIBIADE

C'est ainsi qu'un fin politique
N'hésite devant nul moyen ;
Moi, j'ai pris le plus énergique :
J'ai coupé la queue à mon chien !

HIPPARÈTE

Quel est ce nouveau trait de folie ?...

ALCIBIADE

Ah ! ma chère,
Combien vous l'appréciez mal !

HIPPARÈTE

Mutiler un pauvre animal !
N'est-il rien de meilleur que le bon sens suggère
Pour réparer un oubli du devoir ?
Que voilà de sagesse une preuve certaine :
Couper !...— Non, pour cela, ce n'était pas la peine
D'acquérir chez Socrate un éminent savoir !...

ALCIBIADE

Ta ! ta ! ta ! le devoir ! la sagesse !... On s'applique
A les défendre avec un soin très-modéré.
Croyez-vous que ce soit de cela qu'on se pique ? —

D'ailleurs, vous qui trouvez mon moyen peu logique,
Dites-moi donc : quel autre auriez-vous préféré ?

HIPPARÈTE

J'avoue en rougissant qu'étant très-ignorante
Dans l'art de mutiler un chien au bon moment,
   J'aurais annoncé simplement
Que si j'avais des torts j'en étais repentante.

ALCIBIADE

   Qui ? moi ? renier mon passé ?
   Voir mon caractère abaissé
Par de petites gens ? — Jupiter m'en préserve !
Je ne veux pas céder à des esprits taquins !
— Que devant une belle, au besoin, je me serve
De la prière, soit !... — Mais devant des faquins ?
Jamais !

HIPPARÈTE

   Vous avez donc trouvé plus raisonnable,
Plus digne de vous....

ALCIBIADE, à sa femme, en lui prenant le bras d'un air de confidence

     Non, plus digne des badauds,
Et j'en connais beaucoup, quoiqu'il soit convenable
D'ignorer que les Grecs ont leurs petits défauts.—
Nos poëtes les ont tant vantés ; nos poëtes
   Depuis longtemps, du reste, sont jugés :
Tous vaniteux, menteurs !

HIPPARÈTE, sur le même ton

C'est pourquoi vous en faites
Vos amis ou vos protégés ?

ALCIBIADE, s'animant

Ce peuple, — à les entendre, — est le plus héroïque,
Le plus beau, le plus fier, le plus patriotique,
Le plus spirituel, le plus galant, le plus....
Que sais-je encor ? — Ce peuple a toutes les vertus!
Eh bien! ce peuple, — il faut l'avouer sans scrupule, —
Est le plus sottement curieux et crédule
De tous les peuples que j'ai vus!

HIPPARÈTE

Beau compliment : je vous conseille
De le développer dans un de ces discours
Qui des Athéniens toujours
Captivent et charment l'oreille!

ALCIBIADE

Peut-être l'auditoire encor m'applaudirait!
L'originalité du sujet lui plairait!
Par Jupin ! ce serait merveille !
Nos Grecs sont ainsi faits...

HIPPARÈTE

Les connaissez-vous bien ?

ALCIBIADE

Oui, je les connais, certe ! et je n'ai pas pour rien
Sacrifié tantôt à leurs menaces vaines

Le plus bel ornement du plus beau chien d'Athènes.
Ce sacrifice même illustrera mon chien.
Comprenez-moi : j'étais déjà lassé d'entendre
Les méchants et les sots répéter chaque jour,
Que j'avais dit tel mot trop brutal ou trop tendre,
Fait tel repas trop long, eu tel amour trop court.
Aux langues des bavards me livrant en pâture,
Mes ennemis faussaient mes moindres actions ;
Là-dessus, entre nous, éclate une rupture
Dont s'arment aussitôt leurs excitations.
Je ne m'en émeus pas. Mais, — comme un politique
Sur le frivole attrait d'une fête olympique,
Au moment opportun, détourne les esprits, —
Sur mon chien mutilé j'ai détourné les cris.
— Bon peuple athénien !... Qu'un honnête homme expire,
Qu'un autre se ruine, on les voit, on soupire,
    Puis on les oublie en chemin.
Qu'il se brûle un logis, qu'il se perde un navire,
    On n'y pensera plus demain.
Mais qu'un augure jette au vent sa phrase vide,
Qu'un caillou fasse choir un buveur peu solide,
Qu'on lise au coin d'un mur quelque grossier brocard,
Que par la ville un chien sans queue erre au hasard,
On s'assemble, on clabaude, et l'on se persuade
Ceci, cela, le reste,... enfin,... comment ?.. pourquoi ?..
— Pourquoi, brave public ?... Parce qu'Alcibiade
A trouvé le moyen de se moquer de toi !

HIPPARÈTE

    J'entends. — Mais il n'est pas probable
Que vous soyez après cela plus estimé.

ALCIBIADE

Qu'on jase sur mon chien ! J'en suis moins alarmé
Que des autres propos méchants dont on m'accable !
L'aventure d'ailleurs est jolie à conter :
L'animal, bondissant sous mon fer, tout à l'heure,
A franchi furieux le seuil de ma demeure
Et, tout droit, tête basse, est allé se jeter
Sur le joueur de flûte, et dans la boue ensemble
Ils ont roulé hurlant tous deux à l'unisson.
Même ils se sont un peu déchirés, ce me semble.

HIPPARÈTE

Bon ! vous voilà vengé de la belle façon !

ALCIBIADE

Encore un détail : dans sa chûte,
Mon siffleur a brisé sa flûte !

HIPPARÈTE, riant à demi

Ah ! ah !...

ALCIBIADE

Vous en riez ; — le peuple comme vous
A trouvé la chose amusante,
Ce qui fait qu'à l'heure présente
En poursuivant mon chien, il s'éloigne de nous.
Plus d'importuns ! Narguons la sottise des hommes !
Me voici tout entier aux soins de vos amours ;
Pourvu que votre front, ma belle, pour toujours
Se déride.

HIPPARÈTE

A vous croire, on dirait que nous sommes
Les deux époux les plus fortunés sous le ciel,
Et que nous commençons notre lune de miel !

Duo

ALCIBIADE

Vous avez ri, d'où je conclus, madame,
   Que votre chagrin s'est enfui !

HIPPARÈTE

J'ai ri, c'est vrai, mais au fond de mon âme,
   Je n'en ressens pas moins d'ennui !

Ensemble

(Lui)   (Elle)

Riez, le rire est salutaire   Le rire est bien plus salutaire
   Quand il éclate libre et franc.
   Heureux quiconque sur la terre,
   En compagnie ou solitaire,
   Se fait tous les jours du bon sang
   Et rit à se tenir le flanc.

ALCIBIADE

Pour tout amour nouveau mon penchant vous tourmente,
   Je m'en fais un galant devoir ;
Mais je reviens ensuite à vos pieds, ma charmante,
   Et si vous désirez savoir
Pourquoi je vous préfère à la plus belle amante,
   Interrogez votre miroir !

HIPPARÈTE, souriant avec une teinte d'ironie

Le compliment est plaisant dans la bouche
   D'un aussi volage mari.

ALCIBIADE

Vous avoûrez cependant qu'il vous touche :
En l'écoutant vous avez ri.

Reprise de l'ensemble

(Lui)   (Elle)
Riez, le rire est salutaire   Le rire est bien plus salutaire,
Quand il éclate libre et franc.
Heureux quiconque sur la terre,
En compagnie ou solitaire,
Se fait tous les jours du bon sang
Et rit à se tenir le flanc.

HIPPARÈTE

Ah ! mon bel ami, je suis sûre
Que je rirais plus franchement
Si vous me juriez....

ALCIBIADE l'interrompant.

Je le jure !
Dictez vous-même le serment.

HIPPARÈTE

I

Jurez de me complaire,
Me servir, me distraire,
Durant des jours entiers....

ALCIBIADE

Très-volontiers !

HIPPARÈTE

II

Soyez époux modèle ;
N'allez plus, infidèle,
Courir tous les quartiers !

ALCIBIADE

Très-volontiers !

HIPPARÈTE, sentencieusement

Ne relevez jamais une femme qui tombe !

ALCIBIADE

Faut-il, manquant de soins, qu'à terre elle succombe ?

HIPPARÈTE

Triolet

Désormais ne papillonnez
Pas plus que je ne papillonne !
Loin des libertins consternés,
Désormais ne papillonnez
Qu'autour de moi, votre mignonne.
Vos maîtresses feront un nez !...
Désormais ne papillonnez
Pas plus que je ne papillonne !

ALCIBIADE

Qui ? moi ? papillonner ? Je le voudrais en vain.

HIPPARÈTE

N'avez-vous prouvé de reste
Qu'à la frivolité vous êtes trop enclin ?

ALCIBIADE

Mais je me suis corrigé, je l'atteste !

HIPPARÈTE

Oui..., pour recommencer, ou ce soir, ou demain !..

ALCIBIADE

Sonnet

Le papillon aux blondes ailes
Par ce qui brille est attiré ;
Il prend son nectar préféré
Dans les corolles les plus belles.

Il vole après mille étincelles,.
Prompt, capricieux, enivré.
Ainsi voltigent à leur gré
Les jeunes amants infidèles !

Mais quand près d'un foyer ardent
Le papillon passe imprudent,
Il se brûle, il tombe, il se pâme.

Suis-je papillon en amour ? —
Eh bien ! près de vous, en ce jour,.
Je brûle mes ailes, madame !

HIPPARÈTE

Heureux malheur, qui me réjouit l'âme !

Ensemble (chuchotements).

Sur ce, chuchoteront cent jaseurs en souci :
« Sachez, sachez ceci ,
Ce séducteur si cher et si sensible aussi
Se change en sage, et se décide ainsi
A cesser ses succès ici ! »

HIPPARÈTE.

Ah ! je ris de bon cœur à présent, Dieu merci !

Ensemble

Rions, le rire est salutaire
Quand il éclate libre et franc.
Heureux quiconque sur la terre,
En compagnie ou solitaire,
Se fait tous les jours du bon sang
Et rit à se tenir le flanc !

—

ALCIBIADE, avec expansion

Achève enfin, demeure, et conviens que tu m'aimes.
    Vois-tu : sous le feu de l'amour,
Les larmes des beaux yeux se sèchent d'elles-mêmes,
    Comme sous les rayons du jour,
S'effacent les vapeurs dans le ciel qui se dore.
— Un nuage a passé tantôt dans notre aurore ;
    Mais un nuage, en vérité,
D'une aurore parfois augmente la beauté !...
Convient-il qu'à l'ennui notre âge s'abandonne ?
Prenons gaîment le temps que l'Olympe nous donne,
    L'Olympe nous en saura gré !

HIPPARÈTE

Les dieux peuvent vouloir qu'on soit heureux de vivre ;
Mais ils n'ordonnent point qu'à la joie on se livre
    Avec un goût exagéré.

ALCIBIADE

Nos dieux sont de bons dieux, de folâtre nature ;
Leur histoire contient mainte et mainte aventure

Dont s'irrite un cœur scrupuleux.
Si, malgré leurs méfaits, ton âme les adore,
Tu dois logiquement m'adorer plus encore :
Je suis un ingénu près d'eux !

HIPPARÈTE

Allons ! vous blasphémez d'un petit ton bien leste !
N'appréhendez-vous point la colère céleste ?...

ALCIBIADE

Moins que la tienne en ce moment ; —
Mais je suis à l'abri de ton ressentiment,
Puisqu'il est convenu qu'à l'avenir....

HIPPARÈTE

Que sais-je ?
Peut-être aurais-je dû céder moins promptement !...
Il est sur l'avenir un doute qui m'assiége
Et je vais réfléchir dans mon appartement....
Elle fait mine de se retirer.

ALCIBIADE

Réfléchir ?... C'est une imprudence !
Pendant ce temps, à quoi faudra-t-il que je pense ?
Si tu me laisses seul ici, je languirai,
    Si je languis, je sortirai
    Et si je sors, je passerai
Devant certaine porte....

HIPPARÈTE, vivement, revenant vers lui.

Eh ! oui ! devant la mienne !
Avec tendresse
Pour sortir, il y faut passer, qu'il t'en souvienne !

ALCIBIADE, souriant

Je craindrai d'y frapper puisqu'un vague souci
T'oblige....

HIPPARÈTE

Oh ! qu'à cela ne tienne !...
J'ai fait réflexion...

ALCIBIADE, lui tendant la main.

Et tu conclus ?

HIPPARÈTE, l'embrassant.

Ceci !

Moralité

ALCIBIADE

Il n'est pas d'union sur terre,
Qui de temps en temps ne s'altère ;
De fuir tout désaccord on ne vient pas à bout.
Mais tant mieux, tant mieux, sur mon âme !
Puisqu'il est d'usage, madame,
Qu'une bonne caresse enfin répare tout.

HIPPARÈTE

La rancune est de mauvais goût !

ALCIBIADE

Les maris mettent en pratique
Pour vivre en paix plus d'un moyen.
— N'est-ce pas une idée unique
De couper la queue à son chien ?

Ensemble

(Reprise des 4 vers ci-dessus.)

FIN.

Avignon. — Typ. et Lith. A. Roux.

www.ingramcontent.com/pod-product-compliance
Lightning Source LLC
Chambersburg PA
CBHW060907050426
42453CB00010B/1583